DIVERGENT THINKING

to make you smarter

| What would a sock say to a stinky toe? | If you were chased by a pack of happy, playful dogs, what would you do? |

| Describe 5 new uses for a rock. | If you had to make your own home, what would you do? | What would a leaf say to a caterpillar wiggling over to eat it. |

| List 10 things that make you ANGRY. | Write a story about a BIKE with a flat tire, a speeding CAR, a DRAGONFLY, a searching HELICOPTER, a nervous PARENT, and an unexpected TORNADO. | List 10 names for a pet elephant. |

by C. Mahoney

Life is about choices...

Divergent Thinking
Week #1

It ALL *starts with* **YOU**,
and your **BRAIN**,
and a **game**
between **the** TWO of you.

Here are some activities to get you and your brain playing.

ENJOY!

Weird Weather Writing

Create a story that has a hungry **PIG**, an angry **CAT**, a **TREE** full of apples, some **RAIN**, **LIGHTNING**, **THUNDER**, and a soggy **BOOK** left outside. Ready? Set? Go!

Weird Weather Writing

Directions: Your story must have a melting **SNOWMAN**, a scared **DEER**, a **TREE** that just fell down, **SNOW**, a **TAXI**, and a lost **CELL PHONE**. Ready? Set? Go!

5 new uses for a ROCK

You could wrap the **rock** in a towel and play **catch**. Or, you could set it on top of a *glass* to keep the **flies** out while you're *swimming* in the pool. Or, you could *paint* it with eyes and a mouth and a nose and put it beside you as you sleep to keep you company at *night* when the *monsters* come out from your closet to *tickle* your feet. Or..., wait. This is your assignment. Be Original! Be **funny**! Be PRACTICAL! Be CREATIVE! Be **amazing**! Think of new ways to use a rock.

1. _____

2. _____

3. _____

4. _____

5. _____

Which is your favorite? _____

Why? _____

What would a...

...spider say to a **fly** caught in its web

...dog say to a **cat** it was chasing

...banana say to a **monkey** peeling it

...piece of trash say to a **litterbug**

If you had to DRIVE to the hospital, what would you do?

If you had a DAY OFF from school, what would you do?

Make a List

Make a list of **TEN** things. *Think.* Imagine. Be **Weird** and **Unique**. Be **ORIGINAL**. Be **INTERESTING**. Be *Wow*! Ready? Set? Go!

PLACES to *play* TAG

1. _____
2. _____
3. _____
4. _____
5. _____
6. _____
7. _____
8. _____
9. _____
10. _____

PLACES to *play* MONOPOLY

1. _____
2. _____
3. _____
4. _____
5. _____
6. _____
7. _____
8. _____
9. _____
10. _____

PLACES to *play* SOCCER

1. _____
2. _____
3. _____
4. _____
5. _____
6. _____
7. _____
8. _____
9. _____
10. _____

PLACES to *play* HIDE-AND-SEEK

1. _____
2. _____
3. _____
4. _____
5. _____
6. _____
7. _____
8. _____
9. _____
10. _____

 Put a star beside your most **ORIGINAL**, **Unique** or **INTERESTING** answer.

Make a List

Make a list of **TEN** things. Think. Imagine. Be Weird and Unique. Be **ORIGINAL**. Be **INTERESTING**. Be *Wow*! Ready? Set? Go!

NAMES for a *pet* DOG
1. _____
2. _____
3. _____
4. _____
5. _____
6. _____
7. _____
8. _____
9. _____
10. _____

NAMES for a *pet* ELEPHANT
1. _____
2. _____
3. _____
4. _____
5. _____
6. _____
7. _____
8. _____
9. _____
10. _____

NAMES for a *pet* SNAKE
1. _____
2. _____
3. _____
4. _____
5. _____
6. _____
7. _____
8. _____
9. _____
10. _____

NAMES for a *pet* SPIDER
1. _____
2. _____
3. _____
4. _____
5. _____
6. _____
7. _____
8. _____
9. _____
10. _____

 Put a star beside your most **ORIGINAL**, **UNIQUE** or **INTERESTING** answer.

Divergent Thinking
Week #2

It ALL *starts with* **YOU**,
and your **BRAIN**,
and a **game**
between **the** TWO of you.

Here are some activities to get you and your brain playing.

ENJOY!

Weird Weather Writing

Directions: Your story must have a barking **PUPPY**, an annoyed **NEIGHBOR**, a **TREE** full of small birds, a **RAINBOW**, a sleeping **CAT**, and a **DOG HOUSE** with a spider inside. Ready? Set? Go!

Weird Weather Writing

Directions: Your story must have a thirsty **KID**, a curious **BEAR CUB**, a **TRASH CAN** with no lid, spilt **MILK**, a strange *noise*, and lots and lots of **WIND**. Ready? Set? Go!

5 new uses for a GLASS

You could use to *trap* and observe a *bug*. Or, you could use it to hold your colored **markers** while you **draw** in the back yard. Or..., wait. This is your assignment. Be ORIGINAL! Be *funny*! Be PRACTICAL! Be CREATIVE! Be **amazing**! Think of new ways to use a glass.

1. _____

2. _____

3. _____

4. _____

5. _____

Which is your favorite? _____

Why? _____

What would a...

...horse say to a **girl** riding on its back

...dog say to a **boy** who threw the stick

...mouse say to a **woman** who screamed

...bear say to a **hiker** with lot of food

If you had to MAKE YOUR OWN HOME, what would you do?

If you had a MILLION DOLLARS, what would you do?

Make a List

Make a list of **TEN** things. Think. Imagine. Be Weird and Unique. Be **ORIGINAL**. Be **INTERESTING**. Be *Wow*! Ready? Set? Go!

ANIMALS to **RIDE** on
1. _____
2. _____
3. _____
4. _____
5. _____
6. _____
7. _____
8. _____
9. _____
10. _____

ANIMALS that *are* **NOISY**
1. _____
2. _____
3. _____
4. _____
5. _____
6. _____
7. _____
8. _____
9. _____
10. _____

ANIMALS that *are good* **MOTHERS**
1. _____
2. _____
3. _____
4. _____
5. _____
6. _____
7. _____
8. _____
9. _____
10. _____

ANIMALS that *make* you **SMILE**
1. _____
2. _____
3. _____
4. _____
5. _____
6. _____
7. _____
8. _____
9. _____
10. _____

 Put a star beside your most **ORIGINAL**, **UNIQUE** or **INTERESTING** answer.

Make a List

Make a list of **TEN** things. Think. Imagine. Be Weird and Unique. Be **ORIGINAL**. Be **INTERESTING**. Be *Wow*! Ready? Set? Go!

Round THINGS to THROW

1. _____
2. _____
3. _____
4. _____
5. _____
6. _____
7. _____
8. _____
9. _____
10. _____

Round THINGS you EAT

1. _____
2. _____
3. _____
4. _____
5. _____
6. _____
7. _____
8. _____
9. _____
10. _____

Round Things you can DRINK from

1. _____
2. _____
3. _____
4. _____
5. _____
6. _____
7. _____
8. _____
9. _____
10. _____

Round THINGS that can poke a HOLE

1. _____
2. _____
3. _____
4. _____
5. _____
6. _____
7. _____
8. _____
9. _____
10. _____

 Put a star beside your most **ORIGINAL**, **UNIQUE** or **INTERESTING** answer.

Divergent Thinking
Week #3

It **ALL** *starts with* **YOU,**
and your **BRAIN,**
and a **game**
between **the** **TWO** of you.

Here are some activities to get you and your brain playing.

ENJOY!

Weird Weather Writing

Directions: Your story must have a **BIKE** with a flat tire, a speeding **CAR**, a **DRAGONFLY**, a searching **HELICOPTER**, a nervous **PARENT**, and an unexpected **TORNADO**. Ready? Set? Go!

Weird Weather Writing

Directions: Your story must have a quick **RABBIT**, an **ELEPHANT**, a boy's **TREE HOUSE**, a black **UMBRELLA**, a **WATER DROP** on the nose, a loud **SIREN**, and a **ROPE SWING**. Ready? Set? Go!

5 new uses for a SHOE

You could take off your shoe and put a McDonalds **cup** inside it so that it won't **fall over** as your dad **drives** you home from a soccer game. Or, you could tie your shoes to the **belt loop** in your shorts and put **sea shells** inside them as you walk along the ocean **shore**. Or..., wait. This is your assignment. Be Original! Be funny! Be PRACTICAL! Be CREATIVE! Be amazing! Think of new ways to use a shoe.

1. _____

2. _____

3. _____

4. _____

5. _____

Which is your favorite? _____

Why? _____

What would a...

...**door** say to a **fly** trying to sneak in

...**window** say to a **bird** that just flew by

...**umbrella** say to a **raindrop** that fell from the sky

...**hat** say to the **wind** that tried to tangle the boy's hair

If you had to GROW YOUR OWN FOOD, what would you do?

If you had ONE LEG cut off, what would you do?

Make a List

Make a list of **TEN** things. Think. Imagine. Be Weird and Unique. Be **ORIGINAL**. Be **INTERESTING**. Be *Wow*! Ready? Set? Go!

Flat THINGS to *build* a **WALL**

1. _____
2. _____
3. _____
4. _____
5. _____
6. _____
7. _____
8. _____
9. _____
10. _____

Flat THINGS to **WRITE** on

1. _____
2. _____
3. _____
4. _____
5. _____
6. _____
7. _____
8. _____
9. _____
10. _____

Flat THINGS to *keep* you **WARM**

1. _____
2. _____
3. _____
4. _____
5. _____
6. _____
7. _____
8. _____
9. _____
10. _____

Flat THINGS that *need* **AIR**

1. _____
2. _____
3. _____
4. _____
5. _____
6. _____
7. _____
8. _____
9. _____
10. _____

 Put a star beside your most **ORIGINAL**, **UNIQUE** or **INTERESTING** answer.

Make a List

Make a list of **TEN** things. Think. Imagine. Be Weird and Unique. Be **ORIGINAL**. Be **INTERESTING**. Be *Wow*! Ready? Set? Go!

ROUND THINGS
1. _____
2. _____
3. _____
4. _____
5. _____
6. _____
7. _____
8. _____
9. _____
10. _____

SQUARE THINGS
1. _____
2. _____
3. _____
4. _____
5. _____
6. _____
7. _____
8. _____
9. _____
10. _____

CURVY THINGS
1. _____
2. _____
3. _____
4. _____
5. _____
6. _____
7. _____
8. _____
9. _____
10. _____

STRAIGHT THINGS
1. _____
2. _____
3. _____
4. _____
5. _____
6. _____
7. _____
8. _____
9. _____
10. _____

 Put a star beside your most **ORIGINAL**, **UNIQUE** or **INTERESTING** answer.

Divergent Thinking
Week #4

It ALL *starts with* **YOU**,
and your **BRAIN**,
***and* a game**
between **the** TWO of you.

Here are some activities to get you and your brain playing.

ENJOY!

Weird Weather Writing

Directions: Your story must have a silent **SNAKE**, a **DOG** on a leash, a **DRY CREEK BED** full of rocks, a girl's **SCREAM**, a boy wearing a **raincoat** and holding a stick, and **THUNDER**. Ready? Set? Go!

Weird Weather Writing

Directions: Your story must have a decorated **CHRISTMAS TREE**, an opened **PRESENT**, a **PARENT** that comes home from shopping, a **SNOWBALL** inside the house, **PIZZA** delivery, and a **SKATEBOARD**. Ready? Set? Go!

_____
_____
_____
_____
_____
_____
_____
_____
_____
_____
_____
_____
_____
_____
_____
_____
_____
_____
_____
_____
_____
_____
_____
_____
_____
_____
_____
_____
_____

5 new uses for a BOX

You could use it to block your *puppy* from going into your *room*. Or, you could **cut** it into a weird shape and paint it weird **colors** with your **paint** set. Or, you could use it as a **tunnel** leading to a **magical** world in your room. Or..., wait. This is your assignment. Be ORiginaL! Be *funny*! Be PRACTICAL! Be **CREATIVE**! Be **amazing**! Think of new ways to use a box.

1 _____

2 _____

3 _____

4 _____

5 _____

Which is your favorite? _____

Why? _____

What would a...

...carrot say to a **tooth** that bit into it

...leaf say to a **caterpillar** that was wiggling over to eat it

...lollipop say to a **tongue** licking it

...strawberry say to a **finger** that was picking it

If you had to MAKE A WEAPON to hunt animals for food, what would *you* do?

If you had no BED, what would *you* do?

Make a List

Make a list of **TEN** things. Think. Imagine. Be Weird and UNiQue. Be **ORIGINAL**. Be **INTERESTING**. Be *Wow*! Ready? Set? Go!

SMALLER than a **PENCIL**

1. _____
2. _____
3. _____
4. _____
5. _____
6. _____
7. _____
8. _____
9. _____
10. _____

LARGER than a **CAR**

1. _____
2. _____
3. _____
4. _____
5. _____
6. _____
7. _____
8. _____
9. _____
10. _____

LIGHTER than a **PENCIL**

1. _____
2. _____
3. _____
4. _____
5. _____
6. _____
7. _____
8. _____
9. _____
10. _____

HEAVIER than a **CAR**

1. _____
2. _____
3. _____
4. _____
5. _____
6. _____
7. _____
8. _____
9. _____
10. _____

 Put a star beside your most **ORIGINAL**, UNique or **INTERESTING** answer.

Make a List

Make a list of **TEN** things. Think. Imagine. Be Weird and Unique. Be **ORIGINAL**. Be **INTERESTING**. Be Wow! Ready? Set? Go!

THINGS made of METAL

1. _____
2. _____
3. _____
4. _____
5. _____
6. _____
7. _____
8. _____
9. _____
10. _____

THINGS made of GLASS

1. _____
2. _____
3. _____
4. _____
5. _____
6. _____
7. _____
8. _____
9. _____
10. _____

THINGS made of WOOD

1. _____
2. _____
3. _____
4. _____
5. _____
6. _____
7. _____
8. _____
9. _____
10. _____

THINGS made of PLASTIC

1. _____
2. _____
3. _____
4. _____
5. _____
6. _____
7. _____
8. _____
9. _____
10. _____

 Put a star beside your most **ORIGINAL**, **UNIQUE** or **INTERESTING** answer.

Divergent Thinking
Week #5

It ALL *starts with* **YOU**,
and your **BRAIN**,
and a **game**
between **the** TWO of you.

Here are some activities to get you and your brain playing.

ENJOY!

Weird Weather Writing

Directions: Your story must have a **STOP SIGN**, a **CAR** that doesn't stop, lightly falling **RAIN**, slippery **STREETS**, **HONKING**, **SURPRISE**, and seven **DUCKLINGS** walking without their mother. Ready? Set? Go!

Weird Weather Writing

Directions: Your story must have a **TRAMPOLINE**, a **SODA** that spills, **LIGHTNING**, twin girls who **SHIVERING**, a *STRANGER* in the dark, and a **JOURNAL** left in the bathroom. Ready? Set? Go!

5 new uses for a SPOON

You could use it to dig a *hole* in the *dirt*. Or, you could use it as a **drumstick**, pounding on tree bark or the fence or your brother's head (jk). Or...., wait. This is your assignment. Be ORIGINAL! Be *funny*! Be PRACTICAL! Be CREATIVE! Be **amazing**! Think of new ways to use a spoon.

1. _____

2. _____

3. _____

4. _____

5. _____

Which is your favorite? _____

Why? _____

WHAT WOULD A...

...**paper** say to a **pencil** that was writing on it

...**book** say to a **hand** that was holding it

...**belt** say to the **belly** it was wrapped around

...**sock** say to a **stinky toe**

If you had to go without a SHOWER for a month, what would you do?

If you had only one change of CLOTHES, what would you do?

Make a List

Make a list of **TEN** things. Think. Imagine. Be Weird and Unique. Be **ORIGINAL**. Be **INTERESTING**. Be *Wow*! Ready? Set? Go!

ANIMALS that FLY

1. ___
2. ___
3. ___
4. ___
5. ___
6. ___
7. ___
8. ___
9. ___
10. ___

ANIMALS that DIG

1. ___
2. ___
3. ___
4. ___
5. ___
6. ___
7. ___
8. ___
9. ___
10. ___

ANIMALS that CLIMB trees

1. ___
2. ___
3. ___
4. ___
5. ___
6. ___
7. ___
8. ___
9. ___
10. ___

ANIMALS that JUMP

1. ___
2. ___
3. ___
4. ___
5. ___
6. ___
7. ___
8. ___
9. ___
10. ___

 Put a star beside your most **ORIGINAL**, **UNIQUE** or **INTERESTING** answer.

Make a List

Make a list of **TEN** things. Think. Imagine. Be Weird and Unique. Be **ORIGINAL**. Be **INTERESTING**. Be *Wow*! Ready? Set? Go!

PLACES *people* EAT

1. _____
2. _____
3. _____
4. _____
5. _____
6. _____
7. _____
8. _____
9. _____
10. _____

PLACES *people* SLEEP

1. _____
2. _____
3. _____
4. _____
5. _____
6. _____
7. _____
8. _____
9. _____
10. _____

PLACES *people* SWIM

1. _____
2. _____
3. _____
4. _____
5. _____
6. _____
7. _____
8. _____
9. _____
10. _____

PLACES *people* TALK

1. _____
2. _____
3. _____
4. _____
5. _____
6. _____
7. _____
8. _____
9. _____
10. _____

 Put a star beside your most **ORIGINAL**, **UNIQUE** or **INTERESTING** answer.

Divergent Thinking
Week #6

It ALL *starts with* **YOU**,
and your **BRAIN**,
and a **game**
between the TWO of you.

Here are some activities to get you and your brain playing.

ENJOY!

Weird Weather Writing

Directions: Your story must have a galloping **HORSE**, an **ALIEN SPACESHIP**, a pile of **DIRT**, a cold **KID**, freezing **SLEET** as big as marbles, and an incomplete **HOMEWORK** assignment. Ready? Set? Go!

Weird Weather Writing

Directions: Your story must have a jar of **PEANUT BUTTER**, a hungry **SISTER**, a tree full of noisy **CROWS**, **RAIN CLOUDS** in the distance, a swarm of **MOSQUITOES**, and a yellow **FLY SWATTER**. Ready? Set? Go!

5 new uses for a MILK CARTON

You could fill it with *water* or dirt and use it like a *dumbbell* to make you *stronger*. You could fill it with **coins** for a year so that you have **money** at Christmas to buy a **present** for Santa, I mean, your parents. Or..., wait. This is your assignment. Be Original! Be funny! Be PRACTICAL! Be CREATIVE! Be amazing! Think of new ways to use a milk carton.

1. _____

2. _____

3. _____

4. _____

5. _____

Which is your favorite? _____

Why? _____

What would a...

...hair say to a **brush**

...cow say to a **fly** that wouldn't leave it alone

...earring say to an **ear**

...glass say to a **soda** that was in it

If you got LOST in a strange area, what would you do?

___

If you needed ONE HUNDRED DOLLARS, what would you do?

___

Make a List

Make a list of **TEN** things. Think. Imagine. Be Weird and Unique. Be **ORIGINAL**. Be **INTERESTING**. Be *Wow*! Ready? Set? Go!

THINGS that *make* YOU **CRY**

1. _____
2. _____
3. _____
4. _____
5. _____
6. _____
7. _____
8. _____
9. _____
10. _____

THINGS that *make* YOU **LAUGH**

1. _____
2. _____
3. _____
4. _____
5. _____
6. _____
7. _____
8. _____
9. _____
10. _____

THINGS that *make* YOU **AFRAID**

1. _____
2. _____
3. _____
4. _____
5. _____
6. _____
7. _____
8. _____
9. _____
10. _____

THINGS that *make* YOU **ANGRY**

1. _____
2. _____
3. _____
4. _____
5. _____
6. _____
7. _____
8. _____
9. _____
10. _____

 Put a star beside your most **ORIGINAL**, **UNIQUE** or **INTERESTING** answer.

Make a List

Make a list of **TEN** things. Think. Imagine. Be **Weird** and **UNiquE**. Be **ORIGINAL**. Be **INTERESTING**. Be *Wow*! Ready? Set? Go!

THINGS you *eat* FOR **BREAKFAST**
1. _____
2. _____
3. _____
4. _____
5. _____
6. _____
7. _____
8. _____
9. _____
10. _____

THINGS you *eat* FOR **LUNCH**
1. _____
2. _____
3. _____
4. _____
5. _____
6. _____
7. _____
8. _____
9. _____
10. _____

THINGS you *eat* FOR **DINNER**
1. _____
2. _____
3. _____
4. _____
5. _____
6. _____
7. _____
8. _____
9. _____
10. _____

THINGS you *eat* FOR **DESSERT**
1. _____
2. _____
3. _____
4. _____
5. _____
6. _____
7. _____
8. _____
9. _____
10. _____

 Put a star beside your most **ORIGINAL**, **UNiquE** or **INTERESTING** answer.

Divergent Thinking
Week #7

It ALL *starts with* **YOU**,
and your **BRAIN**,
and a **game**
between **the** TWO of you.

Here are some activities to get you and your brain playing.

ENJOY!

Weird Weather Writing

Directions: Your story must have **LEAVES** falling, a talkative **TREE**, a **BIKE** left on the sidewalk, a **BOY** with a cold, an angry **LIZARD**, and lots of **WIND**. Ready? Set? Go!

Weird Weather Writing

Directions: Your story must have **RAIN**, a crowded **SCHOOL CAFETERIA**, a soaked **TEACHER** who slips and falls, a carton of **MILK** that falls off a table, a **BUTTERFLY**, and a **CELL PHONE**. Ready? Set? Go!

5 new uses for a PAPER PLATE

You could grab some makers and scissors and tape and string and make a **mask**. Or, you could place it under a **plant** so that the pot doesn't **scratch** your table or floor. Or...., wait. This is your assignment. Be ORIGINAL! Be funny! Be PRACTICAL! Be CREATIVE! Be **amazing**! Think of new ways to use a paper plate.

1. _____

2. _____

3. _____

4. _____

5. _____

Which is your **favorite?** _____

Why? _____

What would a...

...zebra say to a horse

...lion say to a house cat

...mouse say to an elephant

...tiny minnow say to a giant whale

If you had to STAY AWAKE all night, what would you do?

If you suddenly went BLIND, what would you do?

Make a List

Make a list of **TEN** things. Think. Imagine. Be Weird and Unique. Be **ORIGINAL**. Be **INTERESTING**. Be Wow! Ready? Set? Go!

THINGS you WRITE with

1. _____
2. _____
3. _____
4. _____
5. _____
6. _____
7. _____
8. _____
9. _____
10. _____

THINGS you TAP with

1. _____
2. _____
3. _____
4. _____
5. _____
6. _____
7. _____
8. _____
9. _____
10. _____

THINGS you HIT with

1. _____
2. _____
3. _____
4. _____
5. _____
6. _____
7. _____
8. _____
9. _____
10. _____

THINGS you READ

1. _____
2. _____
3. _____
4. _____
5. _____
6. _____
7. _____
8. _____
9. _____
10. _____

 Put a star beside your most **ORIGINAL**, **UNIQUE** or **INTERESTING** answer.

Make a List

Make a list of **TEN** things. Think. Imagine. Be Weird and Unique. Be **ORIGINAL**. Be **INTERESTING**. Be *Wow*! Ready? Set? Go!

FUN PLACES to *play*

1. _____
2. _____
3. _____
4. _____
5. _____
6. _____
7. _____
8. _____
9. _____
10. _____

FUN MEMORIES

1. _____
2. _____
3. _____
4. _____
5. _____
6. _____
7. _____
8. _____
9. _____
10. _____

FUN DAYS in *a year*

1. _____
2. _____
3. _____
4. _____
5. _____
6. _____
7. _____
8. _____
9. _____
10. _____

FUN PLACES to *eat*

1. _____
2. _____
3. _____
4. _____
5. _____
6. _____
7. _____
8. _____
9. _____
10. _____

 Put a star beside your most **ORIGINAL**, **Unique** or **INTERESTING** answer.

Divergent Thinking

Week #8

It ALL *starts with* **YOU**,
and your **BRAIN,**
and a **game**
between **the** TWO of you.

Here are some activities to get you and your brain playing.

ENJOY!

Weird Weather Writing

Directions: Your story must have a noisy **SCHOOL BUS**, a sweaty **BOY**, a broken **AIR CONDITIONER**, unbearably hot **SUNSHINE**, some **SHADE** under a tree, and a **RABBIT** eating a carrot. Ready? Set? Go!

Weird Weather Writing

Directions: Your story must have a **PUPPY** with a bone, a **STORM** at night, **LIGHTNING**, **THUNDER**, a leaping **FROG**, and a **KNOCK** at the door. Ready? Set? Go!

5 new uses for a MAGAZINE

You could set it beside your COMPUTER and use it as a MOUSE PAD. Or, you could **cut** out the pictures and use them to **decorate** your room. Or..., wait. This is your assignment. Be original! Be funny! Be PRACTICAL! Be CREATIVE! Be **amazing**! Think of new ways to use a magazine.

1. _____

2. _____

3. _____

4. _____

5. _____

Which is your **favorite?** _____

Why? _____

What would a...

...television say to a **radio**

...phone say to a **letter**

...pen say to a **pencil**

...magazine say to a **newspaper**

If you had to BABYSIT a baby all day, what would you do?

If you were chased by a pack of happy, playful DOGS, what would you do?

Make a List

Make a list of **TEN** things. Think. Imagine. Be **Weird** and **Unique**. Be **ORIGINAL**. Be **INTERESTING**. Be *Wow*! Ready? Set? Go!

SHARP THINGS
1. _____
2. _____
3. _____
4. _____
5. _____
6. _____
7. _____
8. _____
9. _____
10. _____

FLAT THINGS
1. _____
2. _____
3. _____
4. _____
5. _____
6. _____
7. _____
8. _____
9. _____
10. _____

ROUND THINGS
1. _____
2. _____
3. _____
4. _____
5. _____
6. _____
7. _____
8. _____
9. _____
10. _____

HOLLOW THINGS
1. _____
2. _____
3. _____
4. _____
5. _____
6. _____
7. _____
8. _____
9. _____
10. _____

 Put a star beside your most **ORIGINAL**, **UNIQUE** or **INTERESTING** answer.

Make a List

Make a list of **TEN** things. Think. Imagine. Be Weird and Unique. Be **ORIGINAL**. Be **INTERESTING**. Be Wow! Ready? Set? Go!

BLACK THINGS
1. ___
2. ___
3. ___
4. ___
5. ___
6. ___
7. ___
8. ___
9. ___
10. ___

BLUE THINGS
1. ___
2. ___
3. ___
4. ___
5. ___
6. ___
7. ___
8. ___
9. ___
10. ___

RED THINGS
1. ___
2. ___
3. ___
4. ___
5. ___
6. ___
7. ___
8. ___
9. ___
10. ___

WHITE THINGS
1. ___
2. ___
3. ___
4. ___
5. ___
6. ___
7. ___
8. ___
9. ___
10. ___

 Put a star beside your most **ORIGINAL**, **Unique** or **INTERESTING** answer.

Divergent Thinking
Week #9

It ALL *starts with* **YOU**,
and your **BRAIN**,
and a **game**
between **the** TWO of you.

Here are some activities to get you and your brain playing.

ENJOY!

Weird Weather Writing

Directions: Your story must have a pile of **SNOW**, a very smart **WORM**, a **POWER OUTAGE**, a **CAR** that won't start, and a **GIRL** jumping rope. Ready? Set? Go!

Weird Weather Writing

Directions: Your story must have a flying **PLASTIC BAG**, a locked **DOOR**, a girl **FIGHTING** against the wind, a **HAT** that flies off, a curious **COYOTE**, and a musical **ALLIGATOR**. Ready? Set? Go!

5 new uses for an OLD SHIRT

You could **cut** it apart and use the pieces as **rags**. Or, you could use some *scissors* and your imagination and create a mask or scarf or **head band**. Or..., wait. This is your assignment. Be Original! Be *funny*! Be PRACTICAL! Be CREATIVE! Be **amazing**! Think of new ways to use an old shirt.

1. _____

2. _____

3. _____

4. _____

5. _____

Which is your **favorite?** _____

Why? _____

What would a...

...gym say to a **restaurant**

...hotel say to a **house**

...truck say to a **car**

...tricycle say to a **bicycle**

If you saw someone get SHOT, what would you do?

If you had to TEACH your class for an hour, what would you do?

Make a List

Make a list of **TEN** things. Think. Imagine. Be Weird and Unique. Be **ORIGINAL**. Be **INTERESTING**. Be Wow! Ready? Set? Go!

THINGS in your BEDROOM
1. _____
2. _____
3. _____
4. _____
5. _____
6. _____
7. _____
8. _____
9. _____
10. _____

THINGS in your KITCHEN
1. _____
2. _____
3. _____
4. _____
5. _____
6. _____
7. _____
8. _____
9. _____
10. _____

THINGS in your BATHROOM
1. _____
2. _____
3. _____
4. _____
5. _____
6. _____
7. _____
8. _____
9. _____
10. _____

THINGS in your GARAGE
1. _____
2. _____
3. _____
4. _____
5. _____
6. _____
7. _____
8. _____
9. _____
10. _____

 Put a star beside your most **ORIGINAL**, **UNIQUE** or **INTERESTING** answer.

Make a List

Make a list of **TEN** things. Think. Imagine. Be Weird and Unique. Be **ORIGINAL**. Be **INTERESTING**. Be Wow! Ready? Set? Go!

DANGEROUS PLACES to *play*

1. _____
2. _____
3. _____
4. _____
5. _____
6. _____
7. _____
8. _____
9. _____
10. _____

SAFE PLACES to *play*

1. _____
2. _____
3. _____
4. _____
5. _____
6. _____
7. _____
8. _____
9. _____
10. _____

DANGEROUS PLACES to *sleep*

1. _____
2. _____
3. _____
4. _____
5. _____
6. _____
7. _____
8. _____
9. _____
10. _____

SAFE PLACES to *sleep*

1. _____
2. _____
3. _____
4. _____
5. _____
6. _____
7. _____
8. _____
9. _____
10. _____

 Put a star beside your most **ORIGINAL**, **UNIQUE** or **INTERESTING** answer.

Divergent Thinking
Week #10

It **ALL** *starts with* **YOU,**
and your **BRAIN,**
and a **game**
between **the** **TWO** of you.

Here are some activities to get you and your brain playing.

ENJOY!

Weird Weather Writing

Directions: Your story must have a hyper **SQUIRREL**, a bored **DOG**, a kid kicking a **BALL**, a boy cutting the **GRASS**, **THUNDER** in the distance, and a cold **WIND**. Ready? Set? Go!

Weird Weather Writing

Directions: Your story must have a hot **CAR RIDE**, an **ARGUMENT**, a running **BIRD**, a **WATER BOTTLE**, and a **FREEWAY SIGN** that fell down. Ready? Set? Go!

5 new uses for a CHAIR

You could drape a **blanket** across it and, poof, you have your own personal **tent**. Or, you could *sit* on the floor and use it like a table for *drawing*. Or, you could HOLD onto the seat and do PUSH-UPS. Or..., wait. This is your assignment. Be ORIGINAL! Be *funny*! Be PRACTICAL! Be CREATIVE! Be **amazing**! Think of new ways to use a chair.

1. _____

2. _____

3. _____

4. _____

5. _____

Which is your **favorite?** _____

Why? _____

WHAT WOULD A...

...hat say to a shoe

...pair of pants say to a T-shirt

...soccer ball say to a baseball

...door say to a window

If you saw a BLACK WIDOW on your shoulder, what would you do?

If you had to talk to a DEAF PERSON, what would you do?

Make a List

Make a list of **TEN** things. Think. Imagine. Be Weird and Unique. Be **ORIGINAL**. Be **INTERESTING**. Be Wow! Ready? Set? Go!

KIND WORDS
1. _____
2. _____
3. _____
4. _____
5. _____
6. _____
7. _____
8. _____
9. _____
10. _____

MEAN WORDS
1. _____
2. _____
3. _____
4. _____
5. _____
6. _____
7. _____
8. _____
9. _____
10. _____

HAPPY WORDS
1. _____
2. _____
3. _____
4. _____
5. _____
6. _____
7. _____
8. _____
9. _____
10. _____

SAD WORDS
1. _____
2. _____
3. _____
4. _____
5. _____
6. _____
7. _____
8. _____
9. _____
10. _____

 Put a star beside your most **ORIGINAL**, **UNIQUE** or **INTERESTING** answer.

Make a List

Make a list of **TEN** things. Think. Imagine. Be Weird and Unique. Be **ORIGINAL**. Be **INTERESTING**. Be Wow! Ready? Set? Go!

FAVORITE TOYS
1. _____
2. _____
3. _____
4. _____
5. _____
6. _____
7. _____
8. _____
9. _____
10. _____

FAVORITE PLACES
1. _____
2. _____
3. _____
4. _____
5. _____
6. _____
7. _____
8. _____
9. _____
10. _____

FAVORITE ANIMALS
1. _____
2. _____
3. _____
4. _____
5. _____
6. _____
7. _____
8. _____
9. _____
10. _____

FAVORITE PEOPLE
1. _____
2. _____
3. _____
4. _____
5. _____
6. _____
7. _____
8. _____
9. _____
10. _____

 Put a star beside your most **ORIGINAL**, Unique or **INTERESTING** answer.

Made in the USA
Las Vegas, NV
03 May 2022